KT-115-955

Milet Picture Dictionary

English • German

Text by **Sedat Turhan**

Illustrations by **Sally Hagin**

COLOURS/COLORS
DIE FARBEN

Education
Library Service
LEARNING RESOURCES FOR SCHOOLS

15 MAY 2006

CLASS NO. 433

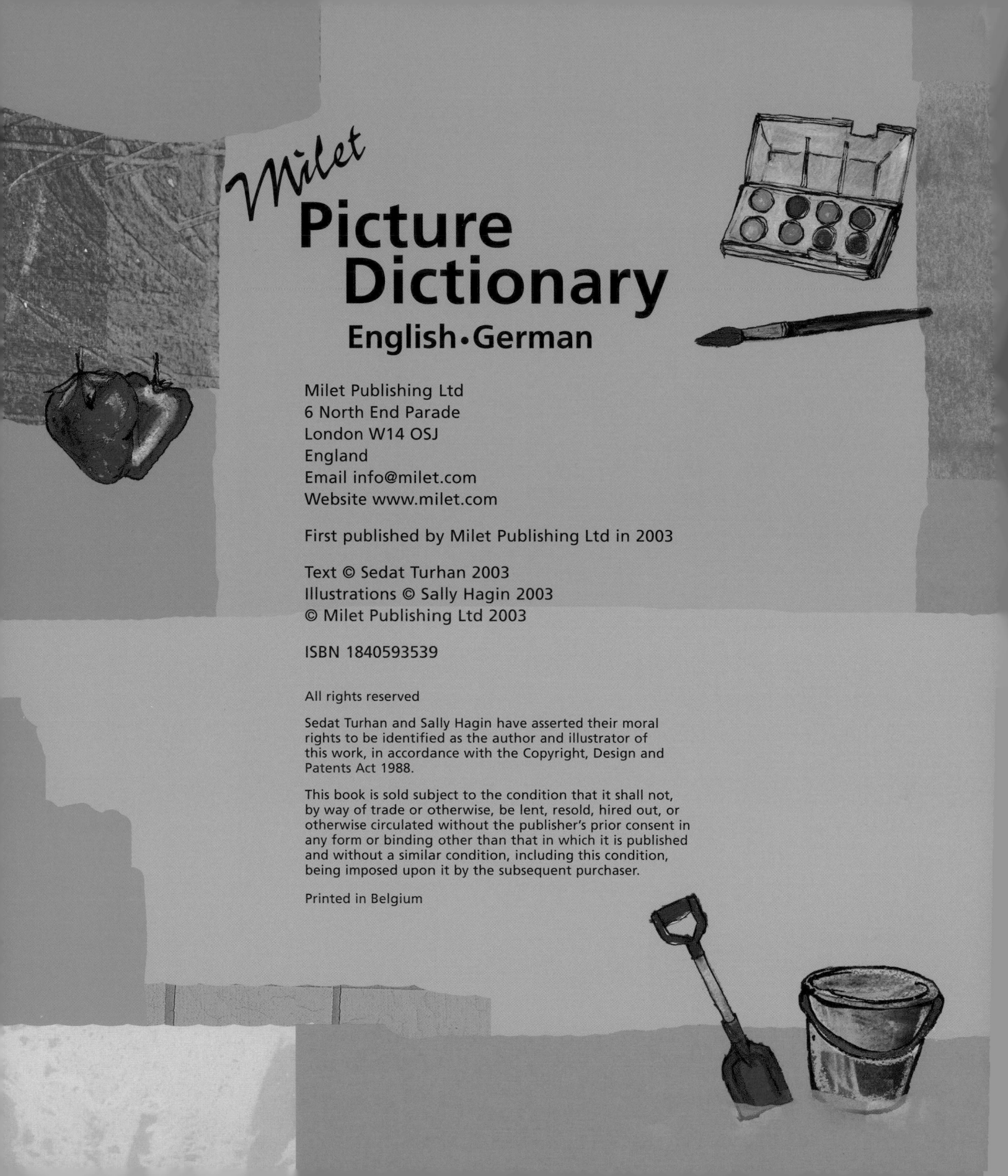

Milet

Picture Dictionary

English • German

Milet Publishing Ltd
6 North End Parade
London W14 OSJ
England
Email info@milet.com
Website www.milet.com

First published by Milet Publishing Ltd in 2003

Text © Sedat Turhan 2003
Illustrations © Sally Hagin 2003
© Milet Publishing Ltd 2003

ISBN 1840593539

All rights reserved

Sedat Turhan and Sally Hagin have asserted their moral rights to be identified as the author and illustrator of this work, in accordance with the Copyright, Design and Patents Act 1988.

This book is sold subject to the condition that it shall not, by way of trade or otherwise, be lent, resold, hired out, or otherwise circulated without the publisher's prior consent in any form or binding other than that in which it is published and without a similar condition, including this condition, being imposed upon it by the subsequent purchaser.

Printed in Belgium

purple
lila
grey
grau
pink
rosa
black
schwarz
white
weiß

PLANTS
DIE PFLANZEN

lily
die Lilie
branch
der Ast
daffodil
die gelbe Narzisse /
die Osterglocke
leaf
das Blatt
watering can
die Gießkanne
cactus
der Kaktus
plant pot
der Blumentopf

FRUIT
DAS OBST

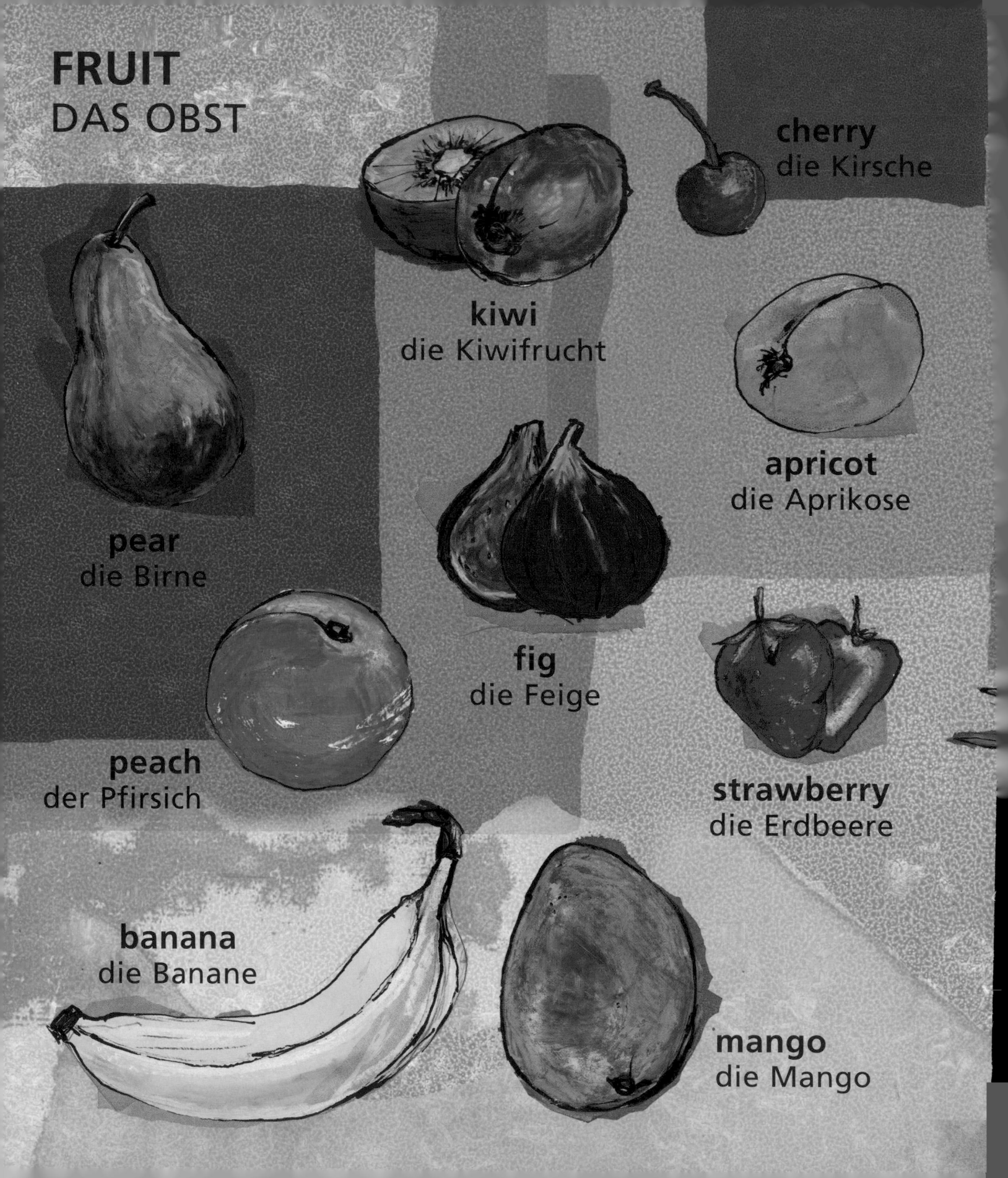

orange
die Apfelsine
apple
der Apfel
blueberry
die Blaubeere/
die Heidelbeere
lemon
die Zitrone
avocado
die Avocado
grapes
die Weintrauben
raspberry
die Himbeere
grapefruit
die Pampelmuse
pineapple
die Ananas

ANIMALS
DIE TIERE

polar bear
der Eisbär
penguin
der Pinguin
duck
die Ente
cow
die Kuh
rooster
der Hahn
sheep
das Schaf
goat
die Ziege
horse
das Pferd

ANIMALS & INSECTS
DIE TIERE & INSEKTEN

fly
die Fliege
ant
die Ameise
butterfly
der Schmetterling
spider
die Spinne
bee
die Biene
turtle
die Wasserschildkröte
snake
die Schlange
fish
der Fisch
mouse
die Maus

HUMAN BODY
DER MENSCHLICHE KÖRPER

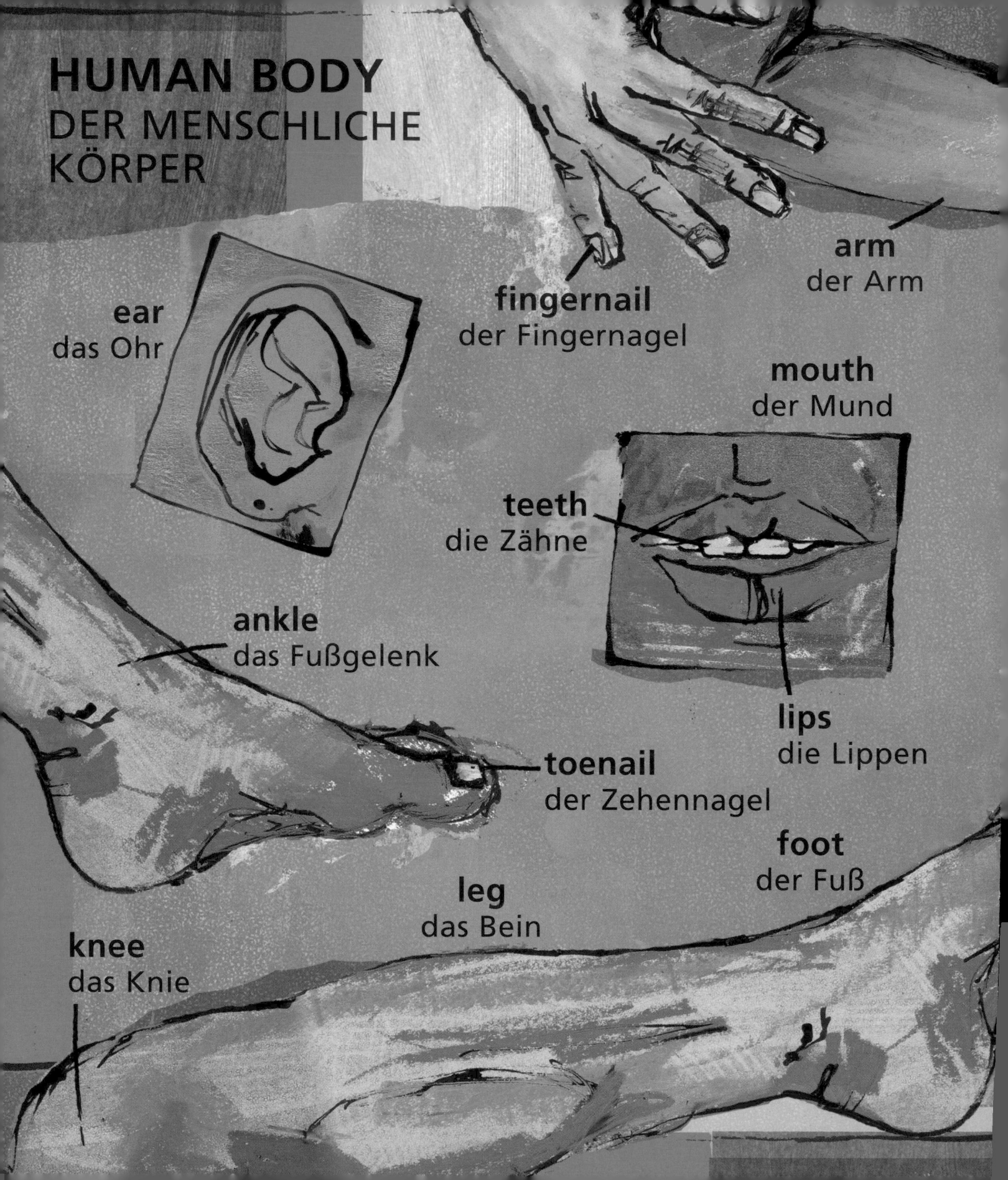

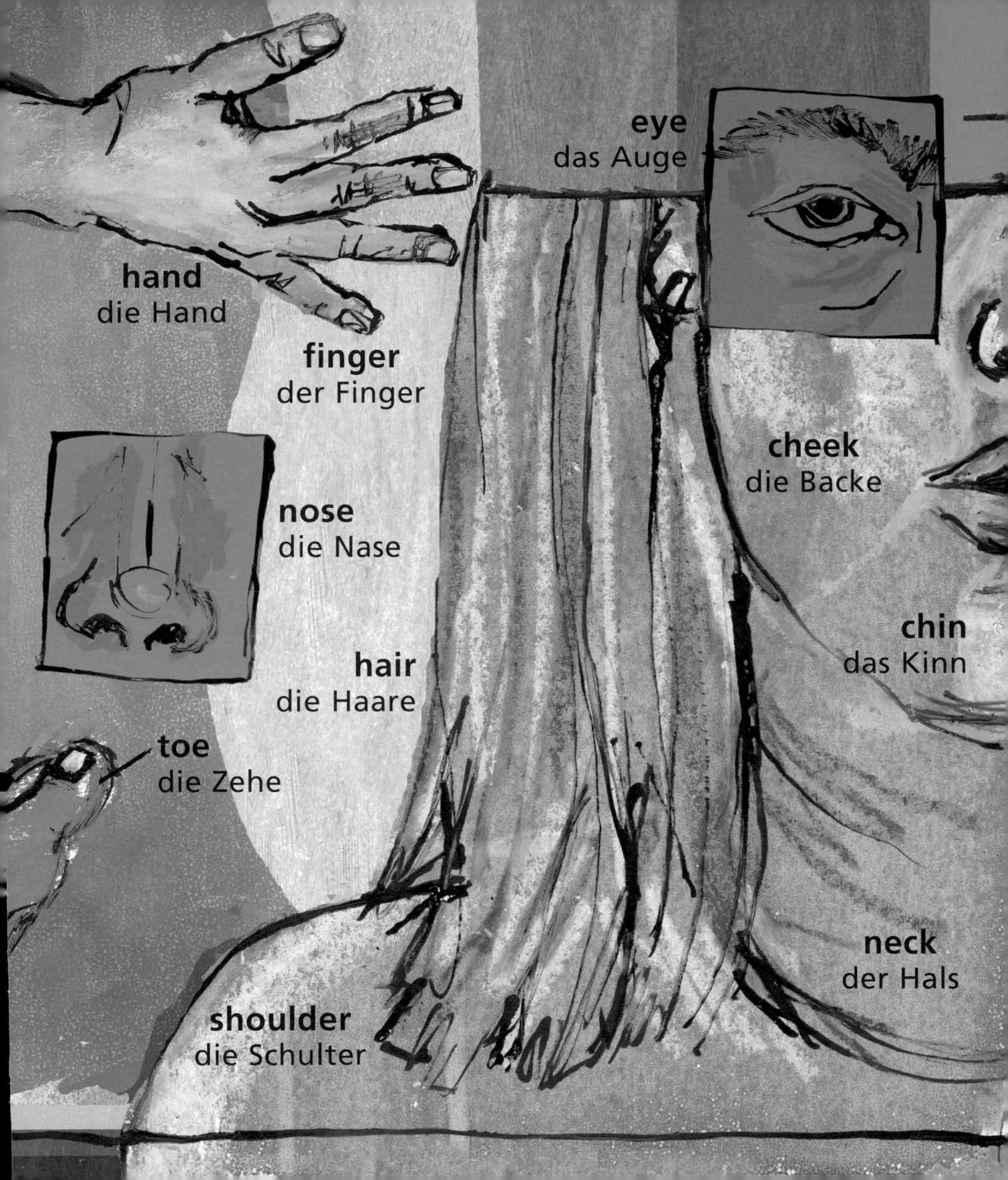
eye
das Auge
hand
die Hand
finger
der Finger
cheek
die Backe
nose
die Nase
chin
das Kinn
hair
die Haare
toe
die Zehe
neck
der Hals
shoulder
die Schulter

HOUSE & LIVING ROOM
DAS HAUS & WOHNZIMMER

roof
das Dach

chimney
der Kamin

house
das Haus

door
die Tür

armchair
der Sessel

key
der Schlüssel

candle
die Kerze

light bulb
die Glühbirne

picture
das Bild
cabinet
die Vitrine
bookshelf
das Bücherregal
window
das Fenster
curtain
die Gardine/
der Vorhang
vase
die Vase
sofa
das Sofa
lamp
die Lampe
side table
der Beistelltisch

KITCHEN
DIE KÜCHE

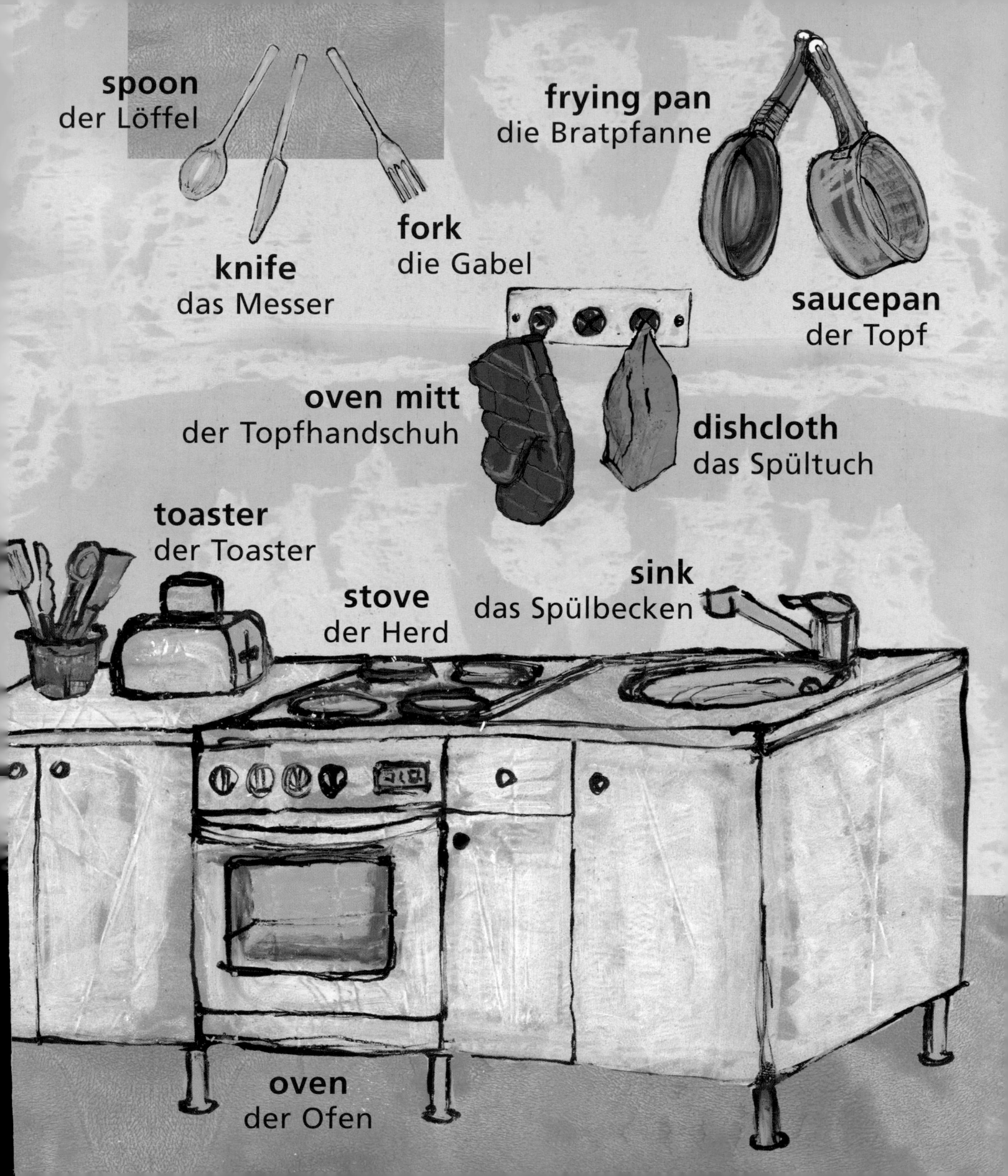
spoon
der Löffel
knife
das Messer
fork
die Gabel
frying pan
die Bratpfanne
saucepan
der Topf
oven mitt
der Topfhandschuh
dishcloth
das Spültuch
toaster
der Toaster
stove
der Herd
sink
das Spülbecken
oven
der Ofen

VEGETABLES
DAS GEMÜSE

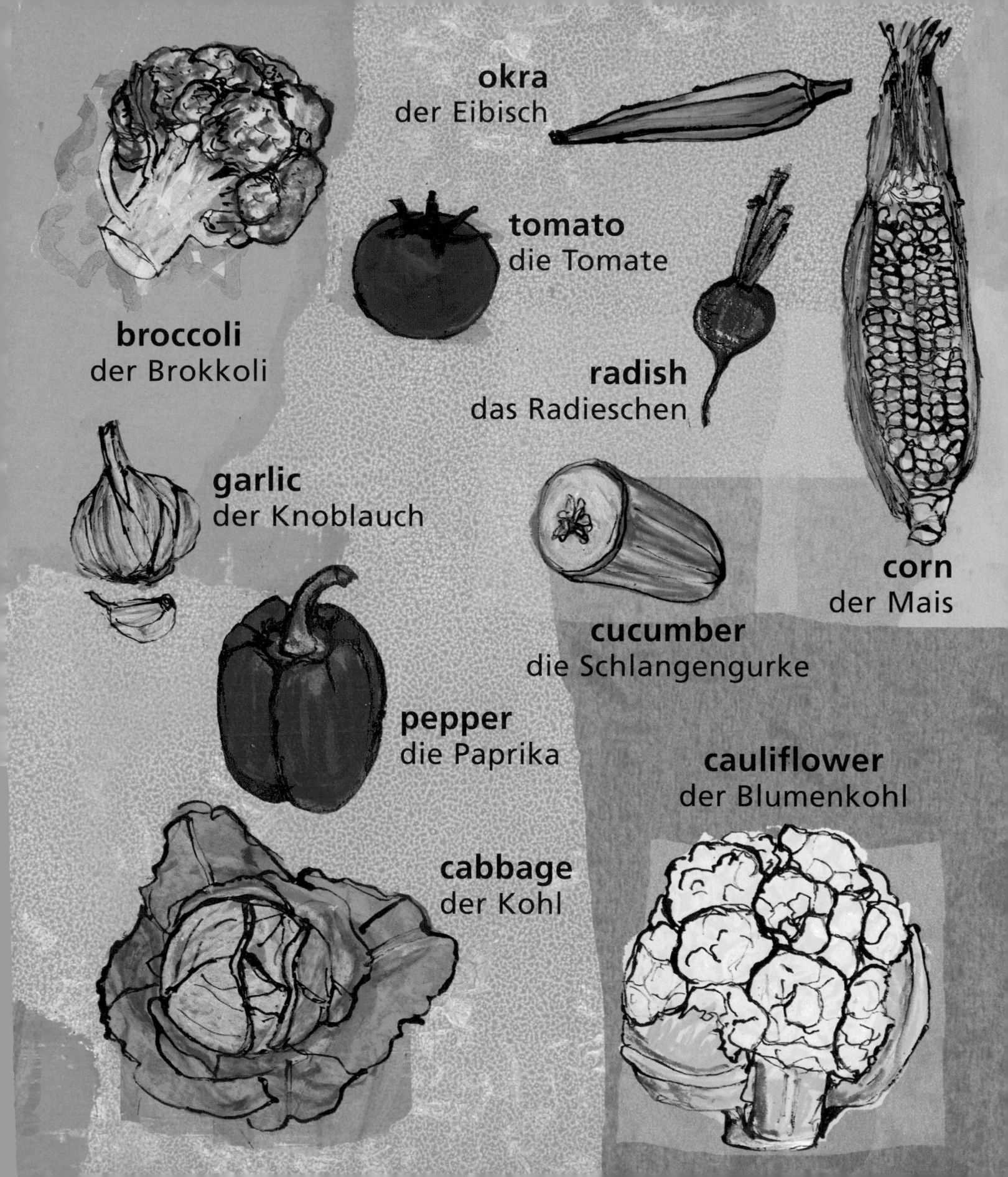
okra
der Eibisch
tomato
die Tomate
broccoli
der Brokkoli
radish
das Radieschen
garlic
der Knoblauch
corn
der Mais
cucumber
die Schlangengurke
pepper
die Paprika
cauliflower
der Blumenkohl
cabbage
der Kohl

FOOD
DIE LEBENSMITTEL

cereal
die Getreide-
flocken
raisins
die Rosinen
oil
das Öl
fries
die Pommes frites
spaghetti
die Spaghetti
fruit juice
der Obstsaft
chocolate
die Schokolade
cake
der Kuchen
ice cream
das Speiseeis

BATHROOM
DAS BADEZIMMER

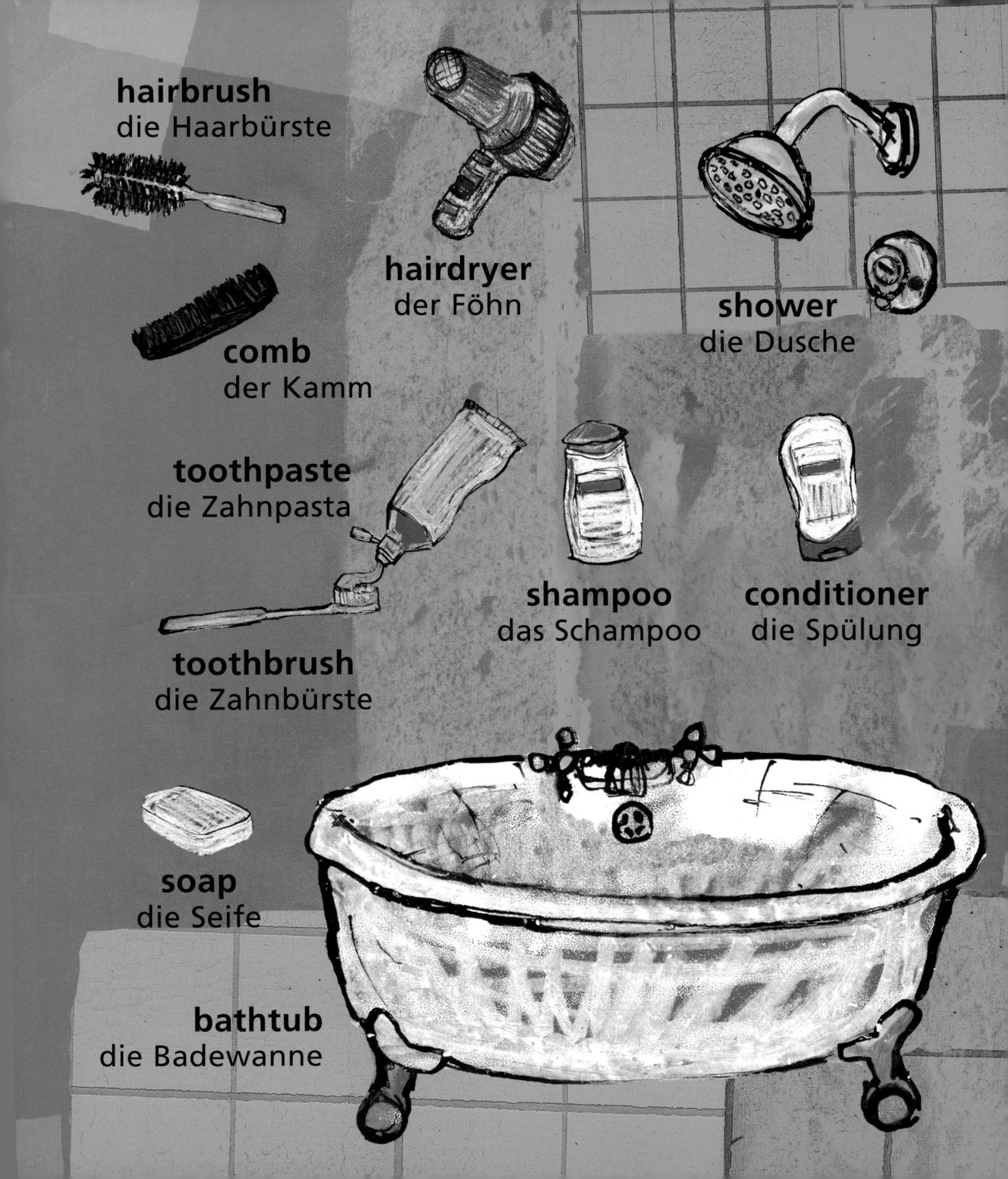
hairbrush
die Haarbürste
hairdryer
der Föhn
shower
die Dusche
comb
der Kamm
toothpaste
die Zahnpasta
shampoo
das Schampoo
conditioner
die Spülung
toothbrush
die Zahnbürste
soap
die Seife
bathtub
die Badewanne

BEDROOM
DAS SCHLAFZIMMER

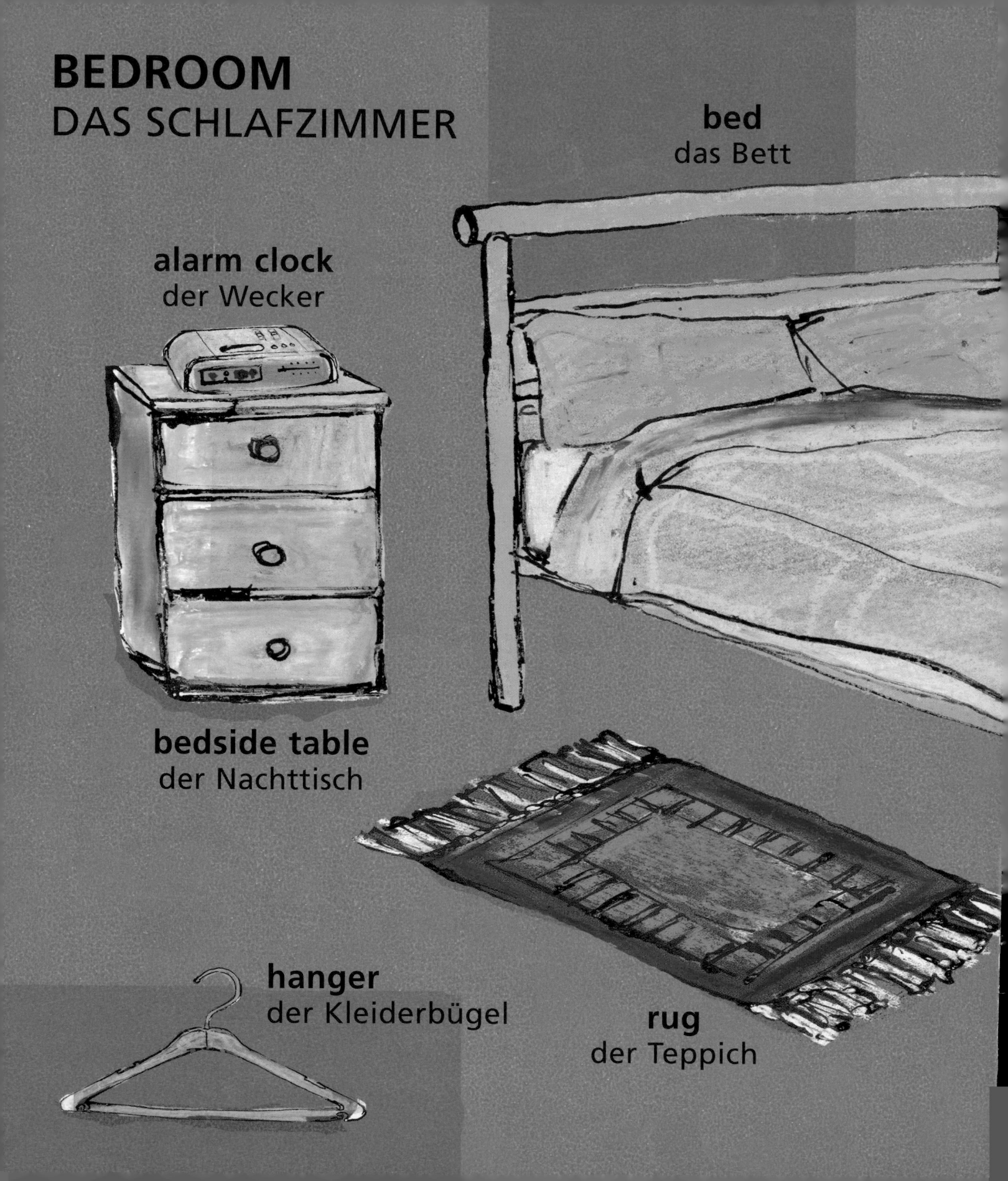

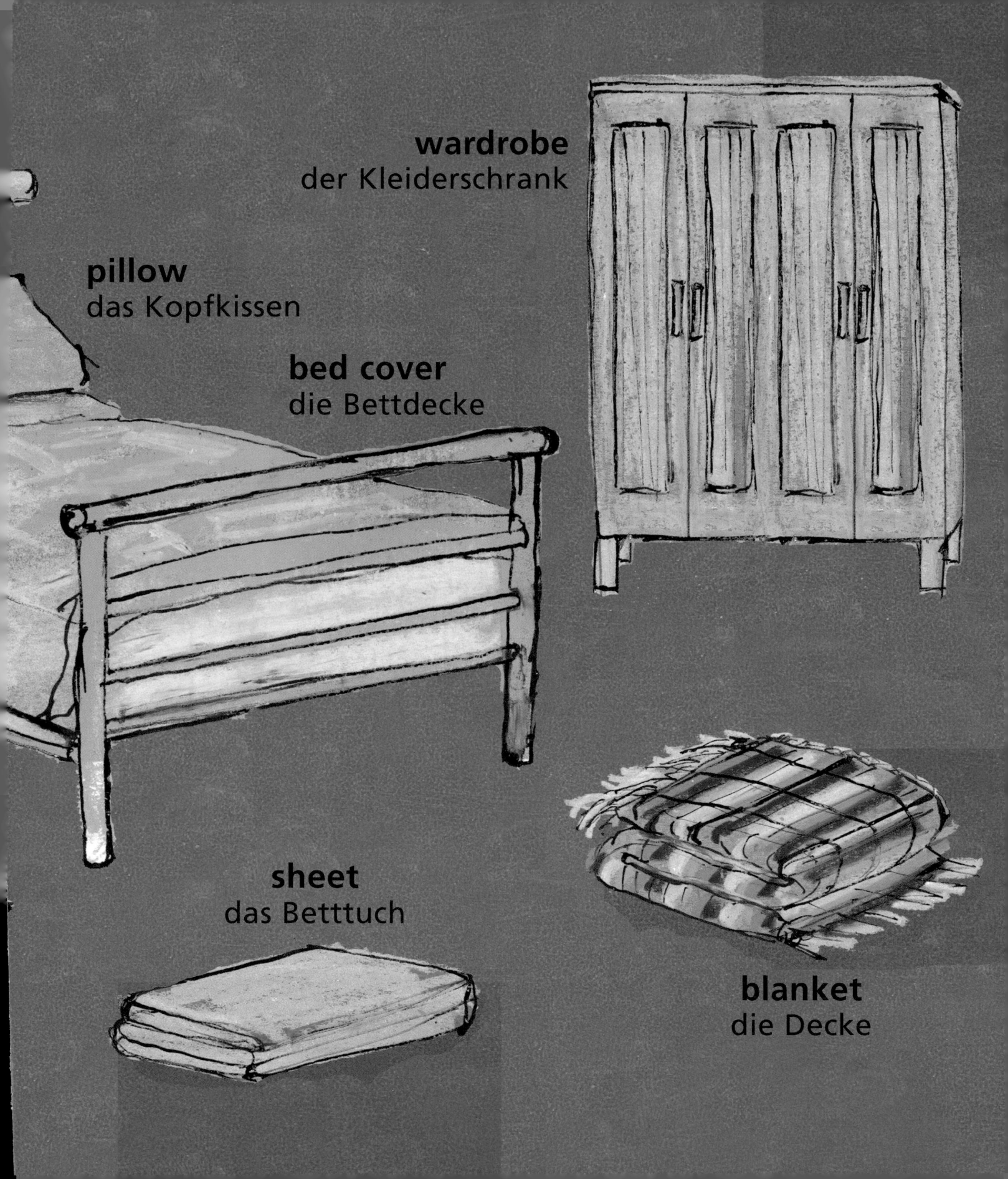
wardrobe
der Kleiderschrank
pillow
das Kopfkissen
bed cover
die Bettdecke
sheet
das Betttuch
blanket
die Decke

CLOTHING
DIE KLEIDUNG

scarf
der Schal
backpack
der Rucksack
skirt
der Rock
shirt
das Hemd
handbag
die Handtasche
socks
die Socken
belt
der Gürtel
jeans
die Jeans
pyjamas
der Schlafanzug
shoes
die Schuhe
shorts
die Shorts

COMMUNICATIONS
DIE KOMMUNIKATIONSMITTEL

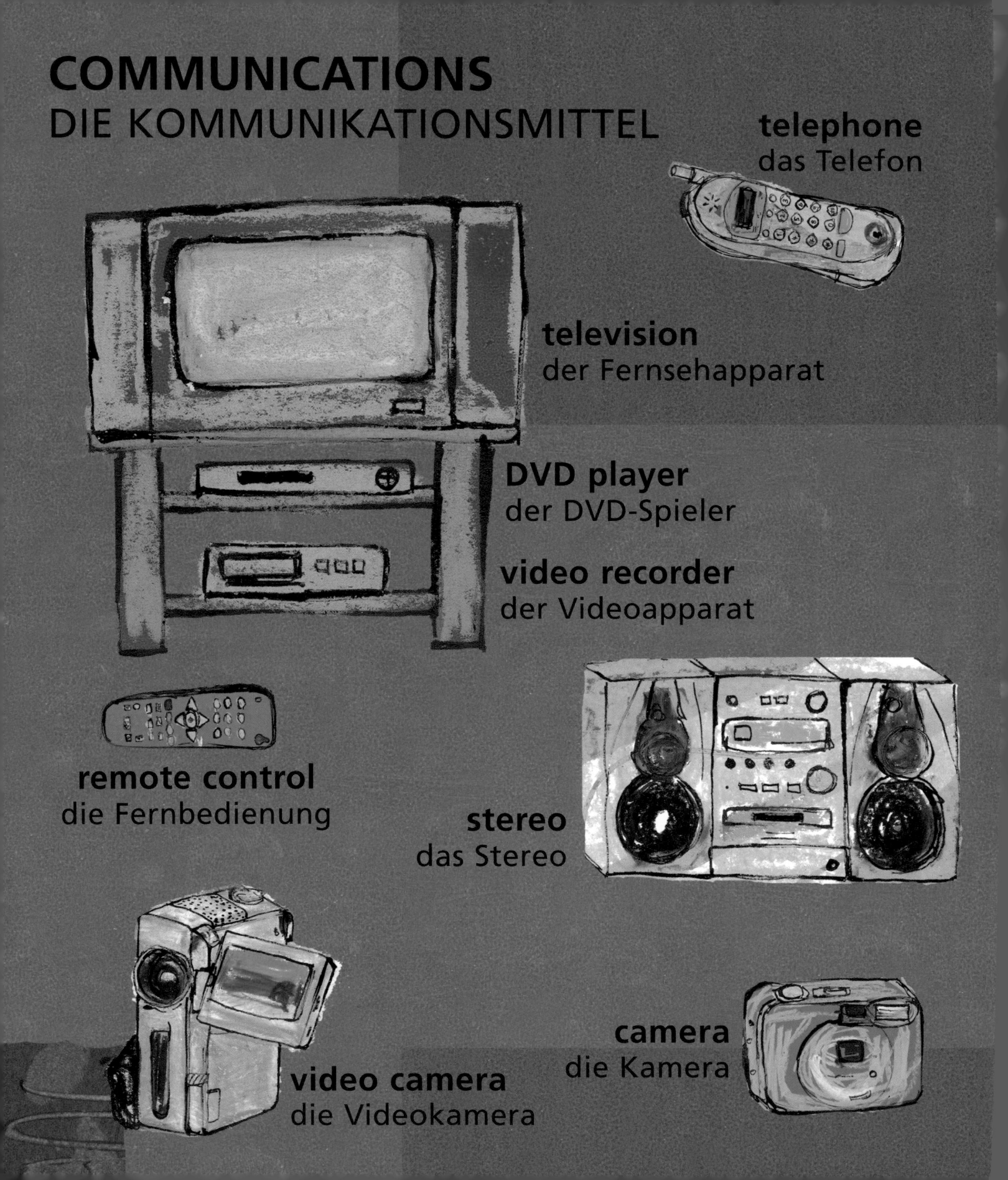

TOOLS
DAS WERKZEUG

SCHOOL & OFFICE
DIE SCHULE & DAS BÜRO

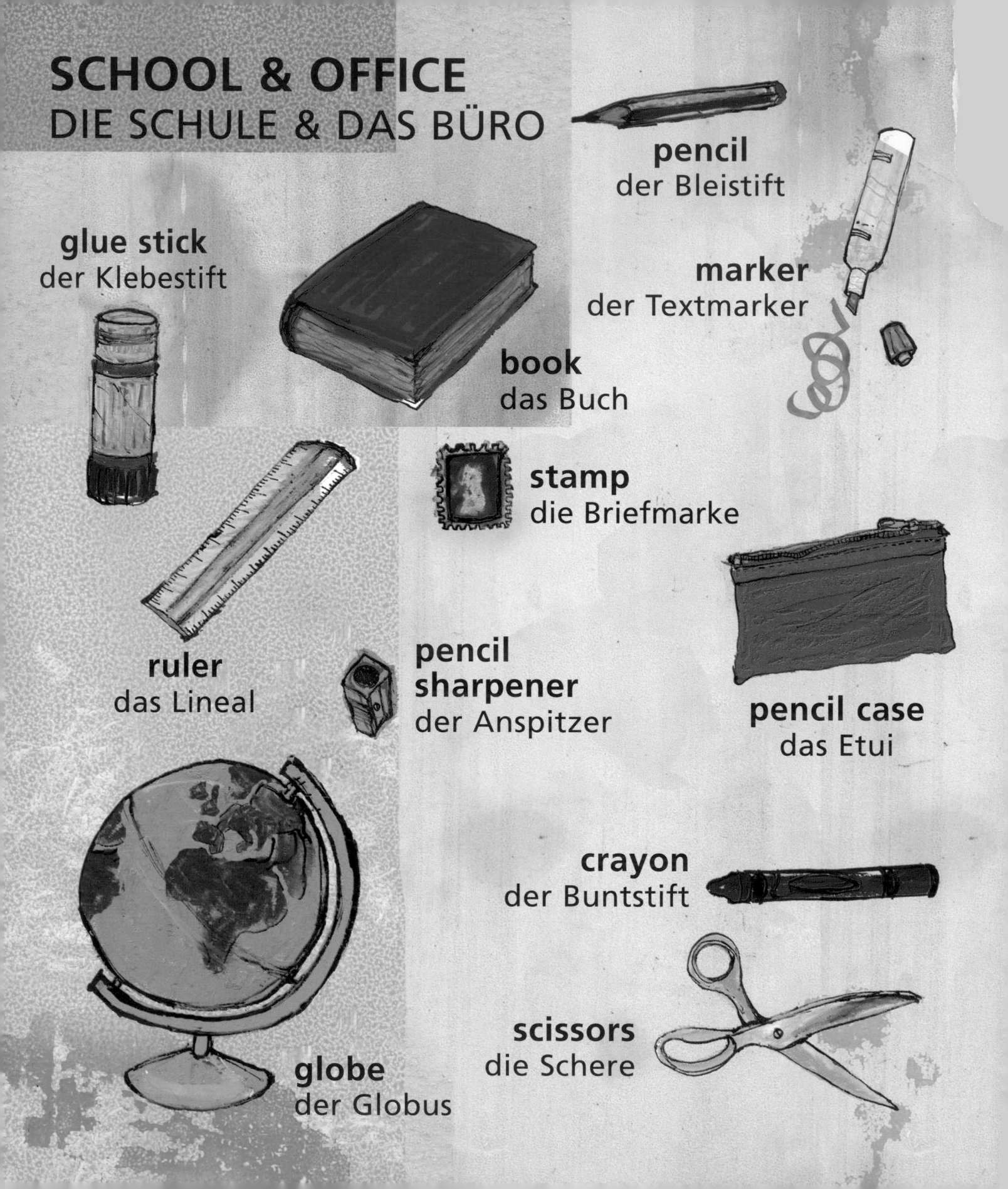

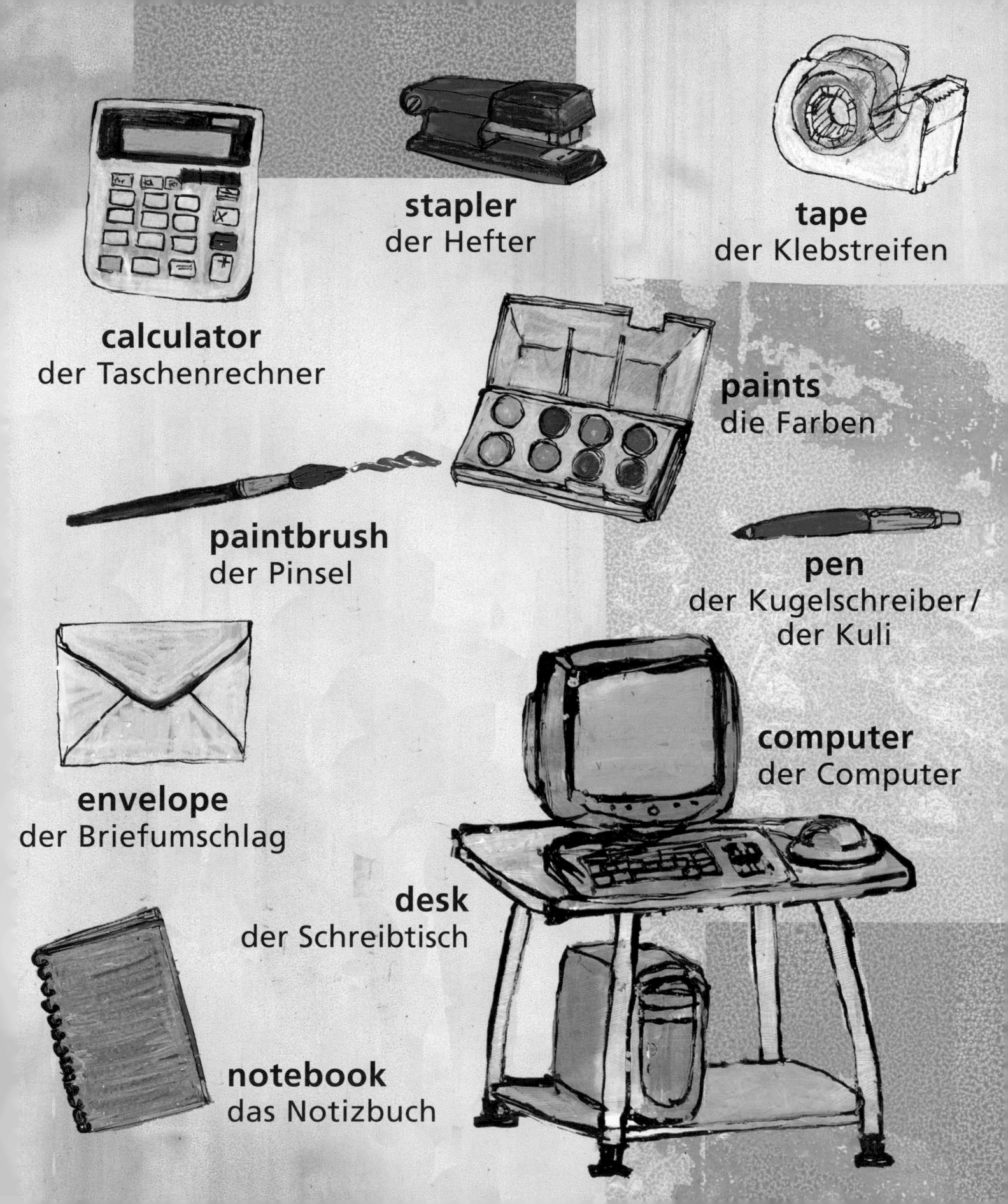
calculator
der Taschenrechner
stapler
der Hefter
tape
der Klebstreifen
paints
die Farben
paintbrush
der Pinsel
pen
der Kugelschreiber / der Kuli
envelope
der Briefumschlag
computer
der Computer
desk
der Schreibtisch
notebook
das Notizbuch

NUMBERS
DIE ZAHLEN

one
eins

two
zwei

three
drei

four
vier

five
fünf

six
sechs

seven
sieben

eight
acht

nine
neun

ten
zehn

SHAPES
DIE FORMEN

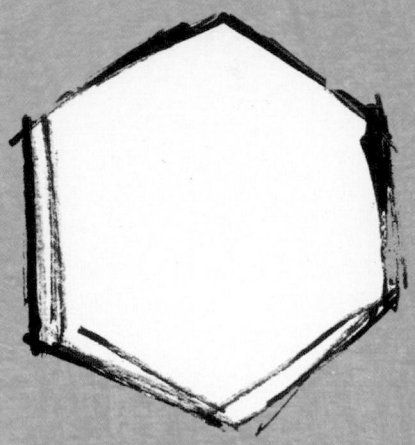

hexagon
das Sechseck

rectangle
das Rechteck

square
das Quadrat

oval
das Oval

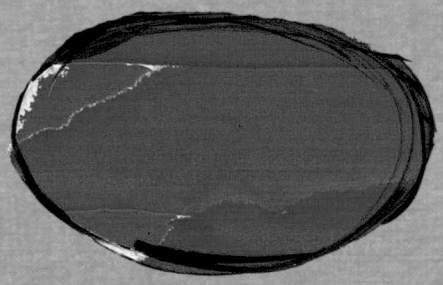

circle
der Kreis

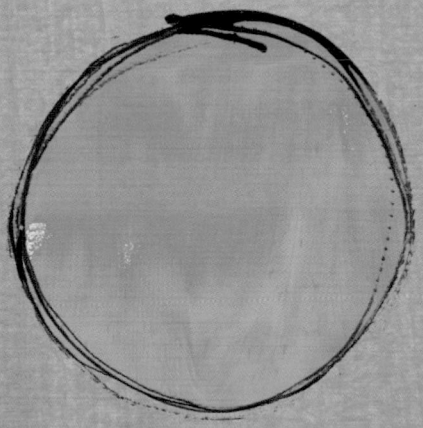

triangle
das Dreieck

octagon
das Achteck

MUSICAL INSTRUMENTS
DIE MUSIKINSTRUMENTE

clarinet
die Klarinette
drums
das Schlagzeug
trumpet
die Trompete
piano
das Klavier
xylophone
das Xylophon

SPORTS & GAMES
DER SPORT & DIE SPIELE

skateboard
das Skateboard

video games
die Videospiele

cards
die Spielkarten

football / soccer ball
der Fußball

ice skates
die Schlittschuhe

rollerblades
die Inline Skates/
die Rollschuhe

skis
die Skier

chess
das Schachspiel
baseball
der Baseball
basketball
der Basketball
glove
der Handschuh
bat
der Schläger
American football
der Football
tennis ball
der Tennisball
tennis racket
der Tennisschläger
cricket ball
der Kricketball
cricket bat
der Kricketschläger

TRANSPORTATION
DIE TRANSPORTMITTEL

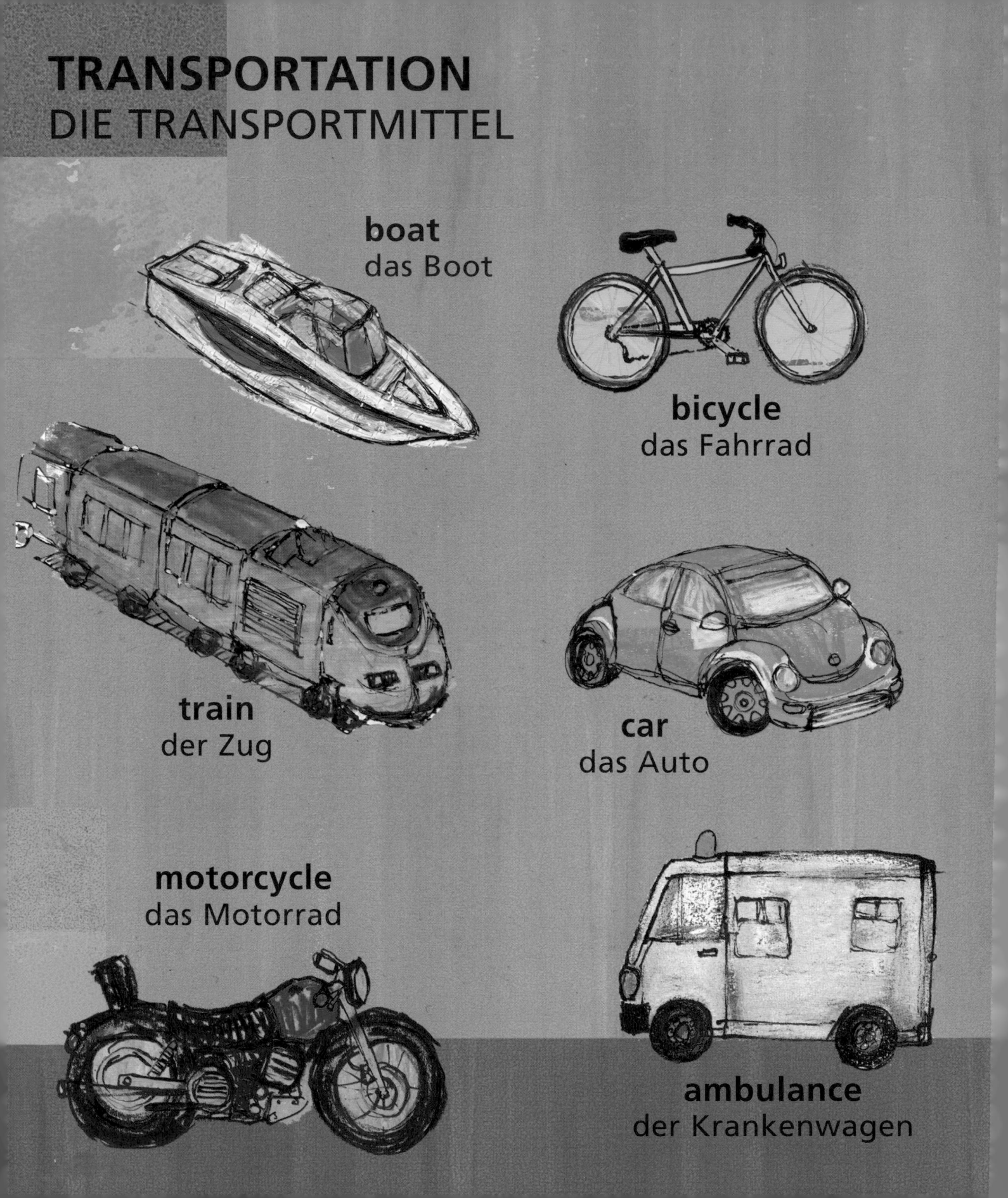

helicopter
der Hubschrauber
plane
das Flugzeug
fire engine
der Feuerwehrwagen
bus
der Bus
truck
der Lastwagen
tractor
der Traktor

SEASIDE
AM MEER

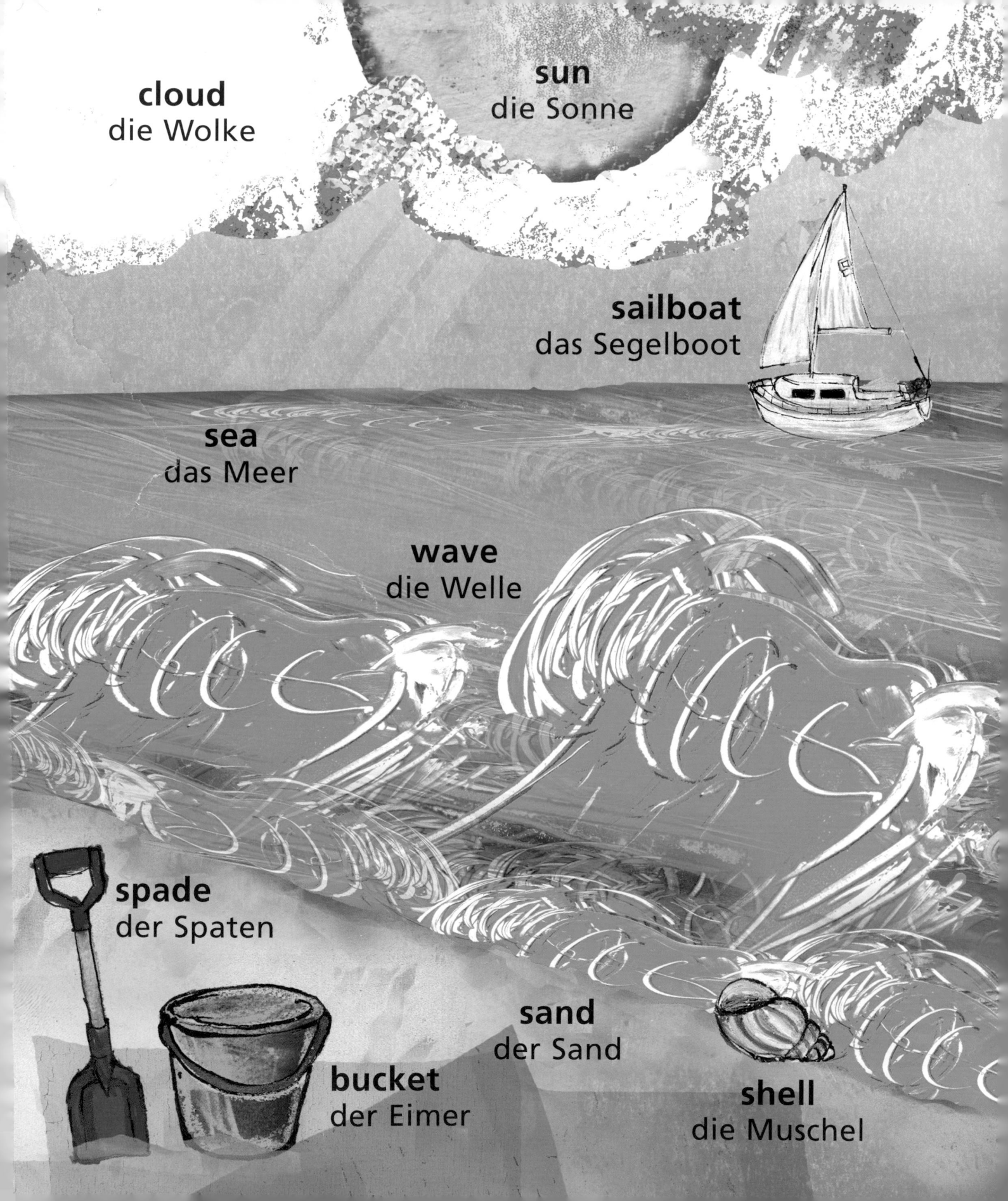
cloud
die Wolke
sun
die Sonne
sailboat
das Segelboot
sea
das Meer
wave
die Welle
spade
der Spaten
bucket
der Eimer
sand
der Sand
shell
die Muschel